소금의 말

소금의 말

이인평 시집

황금마루

이인평 시인

 이인평 시인은 1993년 월간 〈조선문학〉 신인상과, 2000년 〈평화신문〉 신춘문예에 시 「소금의 말」이 당선되었고, 시집 『길에 쌓이는 시간들』 『가난한 사랑』 『명인별곡』 『후안 디에고의 노래』 1, 2집과 금번 『소금의 말』을 간행하였다.
 국제펜클럽한국본부, 한국문인협회, 한국시인협회, 한국가톨릭문인회, 한국인물전기학회, 한국산림문학회, 공간시낭독회 회원이며, 공간시낭독회 회장과 녹색문학상 운영위원을 역임하였고, 현 한국시협 상임위원, 한국산림문학회 이사, 시사랑문화인협의회 감사, 박희진시인기념사업회 이사, 계간 〈산림문학〉 편집주간을 맡고 있다.

- 이메일 주소: iplee6308@hanmail.net
- 휴대폰 번호: 010-5286-6308

| 프롤로그 |

나의 시

내 시는 영혼의 풍경
은총의 신비에서 빚어진
나의 분신

내 삶은 온통 너를 낳는다
찬미의 터전에서
한 생애가 너로 드러난다

가난의 속살을 뚫고 나와
천상의 기쁨을 사는 나의 시여
몸과 마음과 정신이
하나로 꿰뚫려 나온 운향이여

너는 내 영혼의 풍경이 되어
불멸을 기린다

| 목차 |

제1부

입춘立春 · 14
고요의 사원 · 15
1월 판화 · 16
고흐의 아몬드꽃 · · · · · · · · · · · · · · · · · · · 18
꽃 된 마음 · 20
눈 내리는 날 · 21
세한도歲寒圖 · 22
송덕송松德頌 · 24
장경場經 · 25
엘리야 2 · 26
일지매 · 28
첫사랑 · 29
죽림竹林에서 · 30
시간의 종말에 대한 시의 변주 · · · · · · · · · · · · · · · 32
봄날은 온다 · 34

제2부

봉황의 꿈 · 36
미키의 거울 · 38
잣나무 숲에서 · 40
새벽기도 · 41
성자 행걸聖子行乞 · · · · · · · · · · · · · · · · · · 42
설원을 달리다 · 44
고인돌 · 46
관계 · 47
꽃돌 연가 · 48
꿈속의 시를 찾아 · · · · · · · · · · · · · · · · · · 50
그해 겨울 · 51
그리운 얼굴 · 52
대代 울음 · 53
남한산성에 들어 · · · · · · · · · · · · · · · · · · · 54
나비보기 · 56

제3부

나무와 나 · 58
대지에게 · 60
청초호 추경 · 62
한산寒山 · 63
찔레의 노래 · 64
라라의 봄 · 66
몰운대沒雲臺에서 · 68
겨울 편지 · 70
내비게이션 · 72
내 마음의 동화童畵 · · · · · · · · · · · · · · · · · · · 74
독후감을 쓸 수 없는 책 · · · · · · · · · · · · · · · 75
맥脈 · 76
소금의 말 · 78
절정의 날개 · 80
모래성 · 82

제4부

질경이의 꿈 · 84
지리산 구룡폭포를 보며 · · · · · · · · · · · · · · · · · 85
은행나무 사계 · 86
자비송慈悲頌 · 87
칸딘스키와 단감 · 88
코스모스 · 90
화무십일홍花無十日紅 · · · · · · · · · · · · · · · · · · 91
한낮의 우물가 · 92
호박 같은 사랑 · 94
설산雪山 · 95
일기예보 · 96
무명無名의 빛 속으로 · · · · · · · · · · · · · · · · · · 98
나의 멘토에게 · 100
돌 · 102
구멍 · 103
아리랑 · 104
피의 절벽 · 106

제5부

- 조국의 노래 · 110
- 나는 풀 · 112
- 누구실까 · 114
- 낙엽을 만지며 · 115
- 산수유등 · 116
- 시와 함께 · 117
- 시월의 노래 · 118
- 수미秀美를 그리며 · 120
- 불멸의 희망 · 121
- 신도림에서 · 122
- 오리발 · 124
- 시 한 수 · 125
- 시꽃詩花 · 126
- 묘비명 · 127
- 미래는 그렇게 있었지 · · · · · · · · · · · · · · · · · · 128
- 안개의 섬 · 130

| 후기 | · 132

제1부

촛불을 켜 놓듯
시를 켜 놓은 내 영혼

– 「세한도」 중에서

입춘立春

봄은 겨울보다 강하다
입춘의 생일이 겨울에 든 걸로 보아
봄은 그 기질이 강한 것

추위 속 한나절이 북향이어도 입춘은 봄이다
설경 속에서
오늘은 입춘이 서서 걸어오고 있다

며칠 지난 설 명절 턱을 하는지
이십사절기二十四節氣의 장자長子 입춘에게
매화가 입맞춤하고 있다

섬뜩 놀란 겨울이 매향에 취한다
대길大吉이 절로 안긴다

고요의 사원

나는 고요의 사원에서
시를 쓰네

내 시혼이 살아 있기에, 오래 전 언어들이 나를
세상으로부터 떼어 놓았지

시가 한 걸음씩 내게로 다가올 때마다
나는 두근거려

끝내 내 존재를 들켜 버리고 말 것 같은
긴장에 사로잡히곤 하지

나는 시혼을 감추려고 향기를 내뿜지
내 언어들이
때때로 나를 따돌려 갈만 한 거리에서
나는 고개를 돌리지

내 시들은 거기에서 살아
사원을 지나는 사람들을 멈추게 하고
나도 그들도 돌아설 수 없을 만큼의 향기를 뿜어
생을 위로하지

1월 판화

말죽거리, 생선 좌판의 정씨
겨울 오후
칼 번득이는 인심
단번에 토막토막 잘린 햇살 담아주는 정씨

생태 국물맛 나는 세상이라도 왔으면
비늘 가지런한 시절이라도 한번 와 봤으면
말발굽 소리에 기쁜 소식 하나 누가 전해주었으면 하는
바람 아직 차다

말죽거리 양재 사거리에서 한빛은행 쪽으로
쏟아지는 겨울 빛이
생선비늘을 비출 때 가슴 환해진 정씨
세월 토막토막 자른다
생선구이처럼 탄 얼굴로 건네주는
거스름 잔돈 같은 날들이 빛난다

빚진 세상 끄트머리 툭탁 잘린
지느러미 쌓인 통 속으로

에누리 떨어져 나간 세상 주둥이들도 보여
정씨, 발로 툭 차고는
매운탕 얼큰한 웃음 한 봉지씩 담아내는
말죽거리, 생선 좌판의 겨울 해가
짧다

고흐의 아몬드꽃

때가 왔다
그리움이 도진 고독 속에서
꽃은 한 송이씩 피어났다
무엇을 그리든지 아름다움일 수밖에 없는
생

가난과 고통의 진실 속에서
사랑이 피어날 땐
매화면 어떻고 아몬드꽃이면 어떠랴
손길 닿는 대로
색채가 꿈틀거리면서 피어나는 꽃빛에
마침내 희망일 수밖에 없는 슬픔이 어린다

아우야, 너는 나의 애인이다
너에게 기쁨이 되어 주지 못한 내 처지에서
푸르게 몸부림치는 선묘를 보아라
내 생이 기쁨으로 날뛰는 개화開花를 보아라

아직은 아직은 하다가 끝이 나고 마는

이승이라 해도
끝내 그렇지 않다고 우기면서 가지를 뻗어가는
화폭을 깨닫는 순간
아우야, 너는 내 그림이 스스로 불러일으킨
목숨보다 긴긴 희망을 만나리라

그것이 내내, 침묵 속에서
너를 향한 나의 사랑인 줄도 세상이 알리라

* 아몬드꽃: 고흐가 자기 동생 태호를 위해 특별히 그린 걸작.

꽃 된 마음

마음이 핀다
고통을 다해 밀어올린
꽃

봄이 아니더라도
꽃잎 미소를 머금고
아픔이 향기를 뿜어낼 때

그 마음 고요하고 순박하다
그 영혼 신비롭고 경건하다

꽃 된 마음
더없이 평화로운 빛깔
지극히 사랑 깊은 향기

시혼에 깃든 새벽빛 선율같이
맑고 그윽한 기쁨이
고난을 넘어 하늘에 닿는다

눈 내리는 날

눈 내리는 날
노인정으로 걸어가는 어머니의 발자국을 보네
먼 훗날
내가 걸어갈 길에 찍히는 발자국이네
어머니의 발자국 눈에 지워지고
내 발자국도 지워지고
어머니와 내가 연달아 한세상씩 지워지고 나면
이 눈길, 하얀 겨울의 그리움을 누가 추억해 줄까
눈 쌓이는 겨울이 올 때마다
종착역 같은 노인정에서
파뿌리가 된 머릿결을 넘기며
아무렇게나 누워보는 노인, 노인, 노인들이 걸어온
발자국을 바라보며
하얗게 지워진다는 것이 얼마나 슬픈 것인지를
누가 생각해 줄까
눈길에 지워지는 노인들의 발자국이
하나 둘 꿈속으로 걸어 들어가는 설경이네
잠든 노인들을 바라보며
꿈속 아득한 길을 따라 걷는 내 발자국도 지워지는
설경이네

세한도 歲寒圖

한겨울 깊은 밤
촛불 앞에서 시를 쓰네

홀로 어둠을 밝히는 촛불같이
시가 나를 밝히네

촛불을 켜 놓듯
시를 켜 놓은 내 영혼

제 몸을 타들어가며
심금의 현을 울리는 시의 선율

누가 이렇게 잠 못 드는 기쁨을 밝히며
한 생애를 태우게 하는가

이토록 심지의 열정을 활활 타오르게 하여
끝내 시를 빚어내고야 마는가

홀로 촛불처럼 깨어 있는 그분이

시를 들여다보는 밤

나를 통해
말씀의 깊은 뜻을 고운 시로 빚었는지
침묵의 손길로 나를 감싸주네

송덕송 松德頌

1
천길 벼랑 끝에 자란 소나무야
돌아보니 내 인생이 너와 같구나
겪어온 세월 너무도 아찔하여
생각할수록 그 풍상에 아리다만
그러므로 네 생이 더욱 푸른 줄을
내 삶이 청청한 줄을 알겠구나

2
아름드리 천년송 옹골찬 골격
솔잎 푸르러 생애 끝이 없다
태어난 적이 없었던 것처럼
솔잎 지듯 사람들만 떠나갔다

장경 場經

떡전 사거리에 들면
김 서린 떡 냄새가 나고

쇠전 모퉁이로 꺾어 돌면
쇠똥냄새가 나네

어물전 좌판 곁을 지나면
생선 비린내가 나고

주막거리 가설막에 들어서면
막걸리 쉰내가 나네

한 바퀴 돌며 장경을 읽으니
절로 장터 같은 인생이네

사람들이 북적거리면
냄새도 북적거리고

사람들이 한산하면
냄새도 한산한 진경이네

엘리야 2
−불멸의 시

생은 길에 있다
네 목숨 안에 가뭄과 기근이 들기 전에 길을 떠나라
길에서 길로 이어진, 아브라함의 천막 같은
생

사렙타 과부*에게 남은 마지막 양식같이 절박한
생
이제 곧 죽을 것 같은 광야에서도 희망을 예감하는 바로 너
생
누구든 마지막까지 약속을 지킬 수 있는 건 오직 믿음이다
믿음을 간직할 수 있는 건 사랑이고
사랑에서 영혼의 빛이 드러나고 거기에서
불멸의 시가 나온다

생은 사랑으로 맺은 약속이 있어 희망이 돋는다
하느님은 사랑이다* 그러므로 우리는
사렙타 과부가 마지막 양식으로 정성껏 만들어 준
빵을 먹고 물을 마시게 된다
보라, 우리에겐 사렙타 과부의 밀가루 단지와 기름병같이

영혼의 양식이 떨어지지 않는다

결국 너는 사랑으로 배부를 것이다
사랑으로 너는 살고, 너는 호렙산 동굴 밖에서 들려주는
너의 가뭄과 기근이 끝나는,
마침내 지상에서 가장 위대한 시를 듣게 될 것이다

* 열왕기 상권 17장 참조.
* 요한 1서 4,7~16 참조.

일지매

주먹만 한 백자 두 점을 본다
하나는 청매, 또 하나는 홍매가
능청스럽게 일지매로 그려져 있다
작아서도 귀한 품격을 본다
얼핏 보잘것없는 잔가지일지라도
때가 되어 피어난 고운 격조를 본다
한 송이는 피어 있고
두 송이는 아직 망울져 있는 표정이
가난한 겨울을 견디고 나온
내 어릴 적 어머니와 동생들만 같아
매향이 코끝을 스치는 순간
그 시절 추억이 가슴에서 울컥 돈다
한 생애가 비록 고난의 여정이어도
고귀하게 피어난 청매 홍매같이
마침내 피어난 기쁨을 본다
가난의 설움을 머금고 살았어도
끝내 고결하게 피어난 기쁨을 본다

첫사랑

시 한 편을
새벽 다섯 시 넘게 끌었다
어둠은 배에 깔렸다

애인도 추억도 흰 눈에 덮여 있고
바람은 까치집에서 자는지
창엔 성에가 낀다
긴 머릿결 흔들며 빨래 헹구던
그 우물가 같다

시를 읽어 본다
눈 밟는 소리도 없이
불면의 세월은 소식도 없이
우유가 배달되고 신문을 툭 던지고 간다

시를 다시 본다
그리움은 눈꺼풀에서 아프고
해는 종일 떠오르지 않았네

죽림竹林에서

꿈에, 죽림에 갔다
대가 오고, 대가 갔다

죽림은 푸르다
죽순의 비늘도 벗겨지고
내 가난도 씻어지고

어디서 본 듯한 샛길을 따라
대 바람이 하늘을 푸르게 쓸고 있다

대의 키 만큼 자란
내 세월에서 바람소리가 났다

세월이 대로 휘어지면서
죽림 사이사이로 내려오는 하늘빛에
내 몸은 푸르렀다

생의 숨결이 무수히 열리는 죽림에선
모든 게 비어 있다

내 꿈의 죽림에 들면
다시는 돌아오지 않으리라

시간의 종말에 대한 시의 변주
―메시앙의 '시간의 종말을 위한 4중주'를 듣고

시간은 명동성당 제대에서 사라졌다
클라리넷과 첼로와 바이올린과 피아노의 선율에
숨이 멎을 때까지 여운을 이끌고 사라졌다
시간은 더 이상 고난이 없고
고요한 격정이 신묘한 음색으로 번져왔다
서서히 온몸을 전율케 하면서 음량을 줄이면서
악상이 심금에서 가늘게 떨었다
미세한 생명의 떨림이 고요히 긴장하면서
영혼의 빛이 공간 속으로 실바람처럼 스며들었다
홀연 정적마저 소멸하는 음계를 타고
극도의 선율이 서서히 반전하듯 솟아났다
생명의 길을 따라 변주하는 심연에 다다른 듯
빛과 어둠이 소용돌이치듯 교차하면서
오랜 기억들이 회상의 굴레를 벗어났다
순간 시간의 침묵은 존재 밖으로 암전해 갔다
생은 이제 새로운 차원에서 전혀 무겁지 않았다
영혼들은 새 떼처럼 천상으로 날아오르고
무변의 새하늘을 유영하면서
지상에서의 시간의 기억들이 살아난

영원의 빛이 새롭게 열리는 각도를 날았다
모든 기다림은 환희의 선율에 안겼다
시간의 꿈을 넘어선 아기의 눈동자처럼
양성원의 트리오 '오원'은 고요히 손끝을 멈췄다
명동성당 제대에서 사라졌던 시간은 마침내
악기의 침묵 속으로 스며든 열정같이
청중의 심금에 안겨 영원의 길로 날아갔다

* 이 시는 2016년 6월 1일 저녁, 명동성당에서 열린 병인박해 150주년, 한불수교 130주년 기념음악회에서 첼리스트 양성원이 이끄는 트리오 '오원'과 채재일(Cl)이 메시앙의 '시간의 종말을 위한 4중주'(1.수정체의 예배. 2.시간의 종말을 알리는 천사들을 위한 보칼리즈. 3.새들의 심연. 4.간주곡. 5.예수의 영원에의 송가. 6.일곱 개의 나팔을 위한 광란의 춤. 7.시간의 종말을 알리는 천사들을 위한 무지개의 착란. 8.예수의 불멸에의 송가.)를 연주했을 때, 음악을 들으며 메모해 두었던 것을 퇴고한 작품임.

봄날은 온다

팔남매 키워 낸 우리 엄니 살아생전 자식들 학비를 급하게 빌려 대고 논밭에서 땀 흘리다가는 "이도 저도 못하면 죽기밖에 더하겠냐!"며 탄식하실 때, 어차피 진학도 못하고 농사꾼 되어버린 어린 나는 속이 먹구름 같아서 울고만 싶은데 온 천지 맑은 봄날 피어나는 들꽃들이 날 보고 웃자 하니 정작 울 수도 웃을 수도 없다가 봄날은 가고, 참으로 '이도 저도 못하면 죽기밖에 더하겠냐!'며 울 새도 웃을 새도 없이 환갑을 넘어오고 보니 어느새 엄니도 죽을 힘을 다해 세상 살다 떠나고 이렇게 봄날은 다시 와서, 이도 저도 못하면 죽기밖에 더할까마는 마침내 때가 와서 죽더라도 우리 엄니 다시 만나 더는 죽을 일 없는 하늘나라 기쁨을 새봄처럼 맞이하고픈 봄날이네.

제2부

태아가 엄마의 소리를 듣듯
하늘의 소리를 듣는다

- 「관계」 중에서

봉황의 꿈

오동 거목에 올라 귀를 기울이니
오동나무가 제 동공에 오래오래 숨겨 놓은
봉황의 울음소리를 들려주었다

푸르고 넓은 오동잎들이 파르르 떨리더니
깊고 아득한 천년쯤의 먼 동공에서
신묘한 울음이 달빛에 젖듯 뼈로 스며들었다

슬프고도 감미로운 봉황의 음률이
만년쯤이나 되는 내 영감靈感의 길을 찾아
온 실핏줄까지 제 소리를 울려 낼 때
봉황의 푸른 꿈이
내 영혼의 정수리에서 빛났다

소리마다 빛을 휘감고 파고드는 봉황의 꿈이
오동에 오른 내 눈귀를 빌어
소란한 세상의 혼탁한 흐름을 보고 듣더니
휘황한 날개의 빛을 내 몸에 슬쩍 뿌리고는
순식간에 자취를 감추고 말았다

꿈결의 여운은 푸른 하늘로 흩어지고
내 동공의 끝 모를 고요 속에서
봉황의 목에 달린 영롱한 방울소리가 들려 왔다

미키의 거울

거울을 보며 가끔
너는 누구냐고 그에게 물었지
거울을 볼 때마다 자신을 깨닫는 이가 있었지
거울에서 돌아섰다 하면 잊어버리는
사람도 있었지
거울 속엔 침묵이 살고 있었지
미녀와 마녀도 살고 있었지
한 생애가 깨지지 않는 거울 속에서
거울만 보면 할 말을 잃고
무성영화의 주인공이 되고 말았던 시절이
자기 앞에 있다는 것을 깨닫는 이들이 있었지
지난 일은 늘 거울 속같이 고요하지
스스로를 거울삼아 자신을 닦듯
마음을 닦는 영혼들이 고요히 빛나고 있는
세상 좀 봐
아침마다 하늘마음을 열어서
하늘거울로 세상을 비추어 주는
꿈속 같은 거울 좀 봐
거울을 보며 솔직히 너는 누구냐고

진지하게 묻는 사람들 속에서 너도 거울이 되는
세상 좀 봐
아침저녁으로 거울을 볼 때마다
거울 속 거울이면서
삶의 주인공인 너와 나를 뉘우쳐 보면서
세상을 닦는 사람들이 있었지
네 꿈까지 닦아 주는 거울이 있었지

잣나무 숲에서

잣나무 숲에 눈 쌓이는 모습을 보며
긴 아픔에서 깨인 자씨와 저녁을 먹을 때
제법 잣나무 숲이 먼 운산雲山의 병풍 같은데
홀연 설경의 희미한 실루엣 사이로
까치 한 쌍이 잣나무로 날아들자
잣나무가 까치인지, 까치가 잣나무인지
얼핏 분간키 어려운 묘한 풍경을 보는 동안에도
눈은 쉼 없이 실바람에 춤추듯 내리고
병자를 위한 내 기도가 설화로 피어난 듯
불빛 아래 자씨의 맑은 얼굴이 꼭 천사만 같아
마치 최후 같은 엄숙한 사랑마저 감돌아
나는 잣나무 숲으로 난 눈길에다
한 발자국도 남길 수 없는 고요에 휩싸였네

새벽기도

아기처럼 눈 뜬 새벽에
손을 모아요
마음을 고요로 감싸주며 다가오는
그분을 맞이해요

희망이 새롭게 열리는 가장 소중한 시간에
내 영혼 이슬처럼 빛나고
먼동 서서히 밝아오는 리듬을 따라
기쁨이 차올라요

이미 이루어졌어요
한 생애를 하루하루 열어주는 빛 속에서
나는 새벽마다
하늘의 기쁨을 머금고 태어났어요

성자 행걸 聖子行乞

아직 겨울이다, 굶어죽기 전에
한 조각 먹어라

생이 극에 달하면
북극이나 남극처럼
차가운 고독에 이른다

알고 보면 바랄 것이 없는 생이다
있으면 먹고
없으면 굶는 것이 생이다

불만을 갖지 마라
네게 베풀어진 고난을 아껴
절박한 생을 한 조각씩 떼어먹는 것
그것이 사랑인 줄
목숨 깊이 간직하는 것

아, 사랑에 이르면
너는 영원히 굶주리지 않는다

끝내 사랑은 네 목숨이다
우선 먹어라
너는 온전한 사랑을 절박하게 깨달아
성자가 될 것이다

설원을 달리다

오늘 하늘에는
유난히 맑은 흰 구름이 설원처럼 끝없이 펼쳐져 있다
나는 이글루에서 잠을 털고 나와
여섯 마리의 사슴이 끄는 썰매를 타고 설원을 내달린다
바이칼 호수보다 더 넓은 호숫가를 달리기도 한다
사냥을 할 수도 있고 안 할 수도 있다
가도 가도 끝이 없는 눈길에선 적막도 얼어붙는다
사람 하나 만나기도 어려운 백야에선
눈먼 사랑의 그리움도 눈에 묻혀 버린다
달리는 대로 길이 되는 생이다, 짐승이 울어도 허공뿐인
고요다, 다시 이글루로 돌아갈 때까지
나의 명상도 시상도 하얀 바람에 흩어져 날린다
나는 살아 있으므로 달리고
바람이 있으므로 저절로 고독에 순응한다
내 삶은 다만 한 편의 시다, 한 생애가 끝날 때까지
설원의 여백에서 자유자재로 내달려 살아온
더없이 맑고 깨끗한 숨결이 행간에 담겨진 시다
누구든 나를 읽으려면 이글루에서 살아봐야 하고
설원을 달려봐야 하고, 백야에 영혼이 닦여봐야 하리라

별빛들이 가까이 쏟아져 내리는 한밤중에
호수 어디선가 얼음장 갈라지는 소리같이 날 부르는
더없이 긴장된 시 앞에서 온몸이 떨려봐야 하리라
하지만 머뭇거릴 사이도 없이 생의 기쁨을 간직하리라
나는 우선 하늘의 흰 구름이 사라지기 전에
여섯 마리의 사슴을 쉬게 하고 한 편의 시를 넘긴다

고인돌

어쩌면 죽음보다 생이 두려워
바위를 덮었나보다
끝내 생은 죽음보다도 무거운 삶이었던가
우린 날마다 생사를 함께 대면하지만
바위보다 무거운 한 생애가
그리도 애처로워
다시는 살아날 길 없는 저승에다 덮고 나서
슬픔을 고요히 지운다
온몸이 짓눌리는 삶을 오롯이 살면서도
애증이 퍼렇게 돋아날 때는
죽고 나서도 다시 살고 싶지 않은 설움으로
스스로를 묻는다
묻고 묻는 나날이 한꺼번에 덮여져서
더 이상 깨어나서도 안 되는 최후를 덮어
천 년의 비밀같이 침묵을 한다
세월이 흐르고 흐를수록
차라리 이별보다 사랑이 애틋한 생을 덮고
오랜 기억 같은 바람소릴 듣는다

관계

하늘이 땅을 깨운다
번갯불이 동서로 번쩍이고
우레가 진동한다

땅이 하늘의 소리를 듣고
하늘의 빛을 바라볼 때
비가 쏟아져 내린다

하늘이 대지를 적시니
산천초목이 기운생동 한다

번개 치고 천둥 울린다
나는 태아가 엄마의 소리를 듣듯
하늘의 소리를 듣는다

꽃돌 연가

돌 속에 꽃이 피어 있어요
오래 전, 꽃들은
어떻게 저 단단한 돌 속으로 들어갈 수 있었을까요

매화석, 국화석, 장미석, 목련석, 해바라기석…
꽃의 아름다움에 반한 돌들이 제 가슴 열어주었다면
꽃의 향기에 숨넘어간 돌들이 제 사랑 열어주었다면

그래요, 꽃잎 떨어지는 게 서러워서
향기 사라지는 게 아쉬워서
차라리 그대로 꽃돌이 되고 말았을 거예요

보세요, 돌 속에서 향기가 나요
꽃이 돌 속으로 들어갈 때 간직한 향기
사랑으로 만개했던 그 기쁨의 향기가 나요

누군가를 사랑하고 있는 당신도 이제 꽃돌이 될 거예요
돌 같은 당신의 가슴이 사랑으로 열리는 순간에
영원한 빛깔과 향기를 지닌 꽃돌이 될 거예요

돌보다 강한 아름다움, 돌보다 오래 남을 향기를 머금고
사랑뿐인 가슴, 사랑뿐인 기쁨에 안겨
이제는 영원히 화사하게 피어 있을 거예요
꽃돌처럼 꽃돌처럼

꿈속의 시를 찾아

꿈속에서, 시를 썼네
꿈속의 시는 꿈처럼 아름답고
꿈속에선 꿈같은 시만 썼네

꿈 안에서 보면
꿈 밖은 하나의 흉몽 같아서
꿈 밖으로 안 나가고 싶어

꿈속 시에 취하다 꿈 밖으로 나오면
다시 꿈속으로 들어가고만 싶어

아, 그러나 꿈은 깨이고 마네
꿈 밖에서는
꿈속의 아름다운 시들이 감쪽같이 사라졌네

나는 아침마다 꿈을 찾고 있네
잃어버린 시를 찾고 있네

그해 겨울

추위를 뚫고, 선뜻 고향을 찾았더니
어머니 홀로 찬 방 아랫목에서
곤곤한 듯 벌레처럼 웅크리고 누워 있었네

팔남매 모두 떠난 둥지 속에서
외로운 꿈결에 아버지라도 만난 것일까
가는귀먹어 셋째 아들이 문간에 들어선 줄도 모르고
겨울 속에 웅크린 어머니의 모습
가난이 덮어 놓은 조형물 같았네

"어머니!" 하고 가까이 부르는 순간
깜짝 놀라며 날 반기는 어머니의 얼굴은 이미
한 가닥 기다림만 남겨 두고
더는 홀로 버틸 수 없이 늙어버린 노파였네

희미한 불빛의 전구마저
추위 속 어둠을 밀어내며 외롭게 떨고 있었네

그리운 얼굴

얼굴만 떠올려도
시를 쓰고 싶은 사람이 그리워
눈을 감는다

맑은 순수가 밀려와
나를 온통 사랑으로 채워 주는 얼굴

아픔도 아픔인 줄 모르게
슬픔도 슬픔인 줄 모르게
내 시행을 깊은 격조로 이끌어 주는 얼굴

오늘 하루쯤
눈뜨고 싶지 않은 사람아
시를 쓰자 하면
눈뜰 새도 없이 그리워지는 사람아

대代 울음
−고향 추억 · 8

소슬바람 불어오는 가을 저녁에
고향집 뒤란 처마까지 닿은 조릿대 푸른 잎은
바람의 혀 같아서
한여름 열기를 견디며 내지른
가난의 탄식들을 아리도록 잘라먹고 잘라먹은
날선 혀 같아서
그 설움을 한뜻으로 맞아 들였더니
내 잃어버린 청춘을 어둠 속에 덮어 두고는
갈라진 잎끼리 쓰리도록 부대끼며
밤새 울었지

남한산성에 들어

유서 깊은 행궁보다는
우선 매표소 옆 초가집이 더 맘에 들어
정감어린 마루에 걸터앉았지
햇살이 발등을 간질일까 하더니
조금씩 늘어나는 그늘에다 시를 쓰라는 듯
시인들의 마음을 화사하게 열어줄 때
기쁨은 차올랐지
맞아, 풍경이 좋으면 사람도 정겨워
삼전도의 비운 같은 슬픔이 눈앞에 어려도
풍경도 사람도 좋은 이곳에선
그 기쁨을 놓치고 싶지 않은 생을 살았지
산이 산성을 에두르고 있듯
기쁨이 풍경을 에두르고 있는 유월의 품
시심이 절로 녹음에 물들고 마는
생의 요람 같은 성城에 안겨들 때부터
기쁨을 피할 길 없었지
삶의 근심도 시심으로 바뀌고 나면
뭐든 유월의 풍광 속으로 스며들고 말았지
한때는 슬픔이었던 유적지를 돌면서도

숲의 아름다운 진경에 안겨
하루의 축복을 영원처럼 살았지

나비보기

흰 나비가 꽃을 찾아
지그재그로 날아다닌다

나비는 향기가 그리울 뿐
두려움도 없이 가볍다

두 세상에서 얻은 날개로
한여름을 천사처럼 산다

환희의 안식처에 들어온 듯
꽃향기의 기쁨을 산다

햇살 받으며 흰 나빌 보면
내 세상도 천국이다

제3부

가난도 맑고
영혼도 맑다

– 「겨울 편지」 중에서

나무와 나

나무를 보면 언제나 희망이 솟았지
내가 나무를 닮았기 때문
일찍이 나무를 본받자 했기 때문

나는 산양처럼 숲에서 살았지
나무들이 나를 부르는 바람소릴 듣곤 했지
나무에게 가면 마음이 푸른 시절이었지

나무들은 내게 시를 가르쳐 주었지
나무들은 학교를 다니지 않았어도
찬미의 운향과 선율을 내게 가르쳐 주었지

나무들에게 배울 때 나는 알았지
내가 나무를 안아주면 나무가 나를 껴안고
점점 하늘로 솟아오른다는 것을
내 시의 기쁨을 우듬지로 살랑거리면서
찬미의 꿈을 일깨워주는 것을 알았지

나는 끝내 나무가 되고 말 거야

내 시들도 푸른 숲이 되고 말 거야
그러면 나는 산이 되고 말 거야
나무와 춤을 추며 하늘이 되고 말 거야

대지에게

완벽한 시는 애당초 없다
대지여, 네 품에서 다만 노래할 뿐
나는 완벽을 바라지 않는다
신은 오히려 나에게 어설픈 가락을 주었다
어떤 시도 완벽할 수 없는 언어를 주었다
나는 네 품에서
흙먼지 같은 생이 부드럽게 싹트는
고요의 리듬을 보았다
영혼의 침묵을 뚫고 나오는 희열을 보았다
모든 것은 사라질 것이기에
그 불완전한 떨림이 오히려 신에게 안겨지는
찬미의 선율을 보았다
아름다움은 차라리 완벽하지 않는 것이다
대지여, 너의 관대한 품속에서
신의 자애가 내 고난 속에서 싹튼다
불완전하기에 관계가 더욱 충일되는 사랑으로
나는 신을 찬미하는 여백을 지녔다
신이 내 안에 감추어둔 운율을 다듬어가면서
미완의 곡조를 한 소절씩 부르는

이토록 영원한 기쁨을 간절히 꿈꾸면서
대지여, 나는 변화무쌍한 너의 숨결을 따라
연초록 동요 같은 아리아를 부른다
아이처럼 해맑은 눈으로 생을 바라보며
내 영혼의 시울림에 안겨 흐른다

청초호 추경

설악산이 제 치마폭에 던져놓은
물방울 보석 같다
울산바위가 선뜻 내달려와서 안고 갈듯
가을 산빛이 예사롭지 않은데
밤마다 빛나는 속초 시가지의 불빛들도
청초호에 어릴 땐 황홀하여
내내 잠들 수 없다
바다는 또 시샘하듯 파도를 밀어붙여서
제 피붙이인 양 되 안고 가려하는데
어느새 해는 떠올라서
청춘의 열정같이 호반에 이글거리고
갈매기, 백로, 가마우지, 오리 떼들 날갯짓에
황금빛 아침이 해살을 떨어도
청초호는 내내 맑은 하늘만 담고 있다
멀리 설악이 은연중 들여다보는 거울같이
천년만년 고요를 벗 삼은 듯
때때로 흰 구름이나 걸치고 있다

한산寒山*

허기져서 빈혈이 일도록 시를 썼지
시가 얼마나 좋았으면 밤낮으로 이 지경인가
물리학자가 망원경으로 천체의 별들을 살피듯
시어를 한 자 한 자 보살피는,
죽도록 시를 쓰는 사이에 천 년이나 흘렀지

* 중국 당나라 때의 승려 시인.

찔레의 노래

몇 달째 일을 찾아다니다가
산자락을 밟고 돌아올 때
비탈 밭머리에서 환하게 무더기로 핀 찔레꽃들이
노래를 한다

청산이라네, 오랜 옛적부터 네가 보았던 꿈이라네
네 가난했던 시절부터
쌀밥같이 흔들리던 꿈속의 꽃이라네

배고파 죽은 혼령들이 피어난
청산의 내 꽃 좀 보게
노랗게 허기진 처자식들을 꽃술로 안고
내 가난을 피운 꽃 좀 보게
애기무덤가에 피면 어미의 눈물이요
지아비 다니던 밭둑에 피면 과부의 설움이라네
여편네 잃은 홀아비 노름꾼도
늦은 장에서 취해 오다 만나면 우는
내 청산의 아픈 꽃이라네

찔레야 찔레야, 가시 박힌 가슴속
설움도 약이 되는 세상에서 너를 보니
가난해도 외롭진 않구나
찔레야 찔레야, 내 끝이 언제일지 몰라도
네 꽃잎 같은 날만 있었으면 좋겠다

찔레꽃들이 사내를 안고 춤을 춘다
온 설움에 찔레꽃이 핀 사내를 보며
찔레꽃들이 노래를 한다

라라의 봄
―진달래꽃

봄 햇살에
덕수궁 진달래 꽃빛이 양감으로 번져올 때
글라라와 안젤라의 고운 미소도
천상의 기쁨으로 번졌지

글라라와 안젤라는 '라라' 항렬자
사실 '라라'가 나오는 '닥터 지바고'를 썼던
보리스 파스테르나크를 그린 변월룡의
그림전을 보았지

화폭마다 짙은 색채의 암영이 깔려서
변월룡이 겪어온
시대상의 고뇌가 속속 스며들었지만
노벨문학상을 거부해야 했던 파스테르나크,
그의 심상에서 읽힌 라라의 사랑같이
눈 덮인 설원이 아니라
유난히 진달래꽃과 궁궐이 잘 어우러진 날에
글라라와 안젤라의 삶은 빛났지

우린 한때 궁에서 살았지
궁에서 궁으로 돌아가는 여정같이
진달래 꽃빛에 물든 마음이 더없이 화사해진
라라의 봄이었지
나는 변월룡도 파스테르나크도 꽃으로 피어날
천상의 봄볕에 안겨서
라라를 사랑하는 기쁨을 고이 살았지
라라와 함께 진달래꽃이 되었지

* 러시아와 북한에서 활동했던 변월룡(1916~1990)전이 2016년 3월 덕수궁에서 열렸음.
* 글라라와 안젤라는 함께 관람했던 시인과 수필가의 세례명.

몰운대沒雲臺에서

이 깎아지른 벼랑 끝에 이르러
내 삶은 끝인가 시작인가

아래만 보고 걸어왔는데도
허리를 굽혀 절벽의 하방을 내려다보니
헛것에 마음을 빼앗겨 살아온 지난날들이
오히려 아찔하다

불혹을 지나 지천명에 다다른 내 세월은
오름인가 내림인가

낭떠러지 밑으로 꿈처럼 흘러가는 한 줄기 물살이
절벽을 타고 솟구치는 바람이 되어
어리석은 육신을 잡아끄는 순간

현기증 도는 세상에서 오금이 저린 나는 어느새
바위틈에 뿌리를 박고 자란
옹골진 소나무의 허리를 붙들고 있다

아득한 절벽 위에서
한 조각 구름이 솔바람을 쓸어가듯
가파른 화암의 벼랑 사이를 지나온 내 삶의 여정은
이곳에 이르러 끝인가 시작인가

해거름에, 고요의 여운을 쓸어오는 물소리가
내 오랜 갈증의 혀를 적신다

* 이 시는 2008년 정선군에서 선정하여 몰운대 명소에 시비로 설치한 작품임.

겨울 편지
―아우 M에게

추워도 괜찮다
마음까지 얼릴 혹한이 있겠느냐
그리움까지 가둘 절망이 있겠느냐

생은 추워서 더욱 고요하고
사랑이어서 떨린다

가난도 맑고
영혼도 맑다

밤하늘 별빛을 볼 때마다
고향을 그리듯 꿈을 닦는다
외로움이 닦이고 슬픔이 닦일 때마다
사랑이 깨인다

허기져도 괜찮다
열정까지 앗아갈 기갈이 있겠느냐
묘비명 같은 시를 써도 떳떳한
내 꿈까지 빼앗길 운세가 있겠느냐

괜찮다 맹추위도 고난도 견딜 만하고
새해가 떠오르니
홀로 옹색한 시절도 볕이 든다

내비게이션

내 갈 길을 인도하여
나를 목적지까지 데려다 주는 여인은 누구일까
이름을 밝히지 않은 천사인가
길을 잘못 들면 잘못 들었다고, 곧바로 유턴하라고
인생을 잘못 살고 있으면 다음 교차로에서
좌회전 혹은 우회전 하라고
얼굴 없는 목소리를 들으며 나는 지금
어디로 가는 중인가
내 여정은 이미 어딘가에 입력되어 있어
나도 모르게 하나의 비밀처럼 길을 가고 있다면
다행한 일, 한 치 앞도 내다 볼 수 없는 세상에서
내 길을 알고 나를 목적지까지 인도해 주는
천사가 있으니 기쁜 일이다. 다정한 목소리로
삼백 미터 앞에서 우회전 혹은 좌회전하라며
길을 잘못 가고 있다는 것을 미리 알려준다는 것은
애당초 내 갈 길을 내가 모르기 때문
나의 길이 있고 내 목적지는 끝내 세상이 아니라는 것
생은 기필코 당도할 곳이 있다는 메시지를 들으며
마침내 목적지에 다다를 때까지

나는 날마다 내가 아직 모르는 길을 가고 있으니
알 수 없다, 내가 가는 길을 모르면서도
이렇게 즐겁게 갈 수가 있으니

내 마음의 동화童畵

어린아이 둘이 그림을 그려요
동심이 무심에 닿은 연한 색채들이
내게로 배어들어요

무엇을 그리는지조차 모를 선묘들이
내 마음을 부드럽게 흘러요

나는 한 점 화폭이 되어
기쁨으로 무르익은 동심이 되어
어린아이같이 살고 싶은 꿈에 젖어요

순정한 동심을 살아
내내 때 묻지 않은 영혼의 풍경 속에서
연초록 동요를 부르며

행복도 기쁨도 고운 색채로 물들어가는
내 마음의 동화를 그리며
한 생애를 꿈처럼 흐르고 싶어요

* 외손주 대희(6살)와 지은이(5살)가 함께 그린 그림을 보며 지은 것.

독후감을 쓸 수 없는 책
-고향 추억 · 20

어머니의 눈물은 한 권의 책이었다
눈물을 흘리는 어머니의 눈과 내 눈이 마주치는 그 순간에
나는 한 권의 책을 가슴으로 읽곤 했다
나는 그 책의 내용을 누구에게도 말할 수가 없었다
그랬더라면 책이 내 눈에서 한꺼번에 흘러내리고 말았으리
고난의 세월로 인쇄되고 가난의 설움으로 제본된 까닭에
쉽게 독후감을 써 보일 수도 없는 책이었다
그렇다고 다른 장소로 옮겨질 수도 없는
오직 내 눈물 속에 든 진본이었다

맥脈

맥을 짚어가듯 시를 썼지
처음엔 유머와 웃음을 섞어가며
맥이 풀리지 않도록 말을 살살 구슬렸지
그러다가 시와 삶은 같은 거라고
시를 쓰다 보니 인생이 꿰뚫렸다고 적을 땐
홀연 글맥이 가슴에서 하늘로 곤추섰지
놀라운 긴장감에 사로잡혀
걷잡을 수없이 꿈틀대는 시어를 따라
내 삶의 밑바닥까지 휩쓸어 보았지
시는 주인의 심중을 거울처럼 비추면서
한 생애를 휘돌아다녔지
단 한순간도 맥을 놓쳐선 안 돼
호탕한 웃음이나 깊은 슬픔에 붙들려서도
안 돼, 생의 애환이 시로 빠져나올 땐
화산 폭발로 끓어 넘치는 용암이나
폭우로 범람한 강물 같아서
희로애락의 높낮이를 조심해야 했지
시가 비수처럼 심금에 꽂히기라도 하면
감히 맥을 출 수가 없으므로

그토록 감동적인 삶이 세상엔 없으므로
마음의 미묘한 흥분을 다시 가라앉혀야 했지
시 쓰는 일이 맥을 짚는 일이어서
함부로 웃을 수도 울 수도 없는 정적을
홀로 깊이 간직해야만 했어
맥이 날뛰지 않도록 시를 간직해야 했어

소금의 말

네 손으로 내 몸을 한 움큼
집는 순간
창백한 내 피부에서
해풍에 말려진 쓰린 결정체의
짠 빛을 볼 것이다

삶은 매섭게 짠 것이라고
저물게 깨닫는 단 한 번의 경험으로
바다에 닿는 긴 아픔을
깨물게 되리라

너는 원래 소금이었다
내 짠 숨결이
흙으로 빚은 네 몸을 일으킬 때
네 눈엔 눈물이 흘렀고
그 눈물의 짠맛이
네 유혹의 단맛을 다스렸다

보라, 파도의 씨눈들이 밝히는

네 영혼의 길에서
하얀 내 유골의 잔해가 빛난다

나를 쥐었다 놓는 그 시간에
한 주먹 내 몸이 흩어지면서
피안으로 녹아 흐르는,
절여진 네 목숨의 긴 호흡을
만나리라

절정의 날개

내 몸 안으로
노을이 타오른다

서쪽에선 삶이 저무는 줄 알았는데
불붙은 사랑뿐이다

세상의 모든 사랑이 불로 타올라서
절정의 날개를 펴고 있다

사랑은 바라보고만 있어도
한 생애를 태운다

세월의 가슴으로
불길이 번진다

서역에선 이별이 접히는 줄 알았는데
늙지 않는 사랑뿐이다

지상에서 지친 사랑의 목마른 꿈들이

하늘로 타오르고 있다

잊고 사는 것 같아도
사랑은 온 목숨을 태운다

모래성

말도 많지
언제 허물어질지도 모르는데

시간이건 세월이건
쌓일 대로 쌓였다가 한꺼번에 체질하듯
강물이 범람할 때 휩쓸려 버리는데

안 그러면 물풀들이 앙금을 모아
혀와 입술을 덮어 버리지
그러면 퇴적층에서도 찾아볼 수 없는
말의 허상은 끝내 물그림자에도 비치지 않지

말없이 꿈꾸는 게 나아
꿈꾸지 않는 것처럼 꿈을 고이 꾸어서
모래성같이
말이 떠내려가거나 사라져도 서운할 것이 없는
스스로 허물어 버리는 관대한 삶을 살다가
마지막으로
목숨마저 허물어지게 두는 거야

제4부

누가 나만큼 널 사랑해 주겠느냐
누가 나만큼 기쁨을 주겠느냐

- 「자비송」 중에서

질경이의 꿈

나의 유일한 생명력은
희망이다

사람들이 나를 밟고 다녀도
내 희망은 죽지 않는다

길에서 태어나서
길에서 죽더라도
희망이 그대로 길이 되는 목숨

한 생애를 희망으로 살아
나는 날마다 나를 넘어서고
나를 밟는 이들을 넘어선다

그리하여 나의 또 다른 이름은
희망이다
온 힘을 다해 붙들고 사는

지리산 구룡폭포를 보며

쏟아져 내리는 것이 아니라
솟구쳐 올랐다

이곳에 이르러 용龍의 비천飛天을 본다
장마철 구룡폭포는
한 마리의 용이
아홉 마리 용의 기상으로 꿈틀거렸다
쏟아지면 쏟아질수록 솟구치는 소리가 우레 같다

온 몸으로 바위를 갈아내듯
중간에 파인 소를 휘돌아 넘치는 위용은
모든 것을 거세한 완력이다

대각선으로 내리 쏟아져서
물꼬리로 저 아래 바닥을 쳐서 운무를 일으키는
구룡이여
너는 어느새 굉음을 떨치고 사라지는구나
비늘을 번뜩이며 구름 속으로 사라지는구나

은행나무 사계

봄 햇살이 고사리 같은 손을 내밀어
작은 옥구슬을 꺼냈다

여름 부채질에도 더딘 말복이
불알을 만지다 조는 사이에 해가 넘어갔다

가을 소슬바람에 내려쌓이는 황금을
노을까지 업고 온 청소부가 자루에 담아갔다

겨울 눈보라가 빛의 살결로 가지를 덮어주고
참새들이 시린 바람을 물고 놀았다

자비송 慈悲頌

누가 너의 고단한 삶을
나만큼 위로해 주겠느냐
누가 나만큼 달래 주겠느냐

저녁마다 네 십자가를 지고 와서
오랜 그리움처럼
하루의 감사를 내게 봉헌할 때
나는 네 인생을 아껴
온몸을 따뜻하게 감싸 주었다

누가 말없이 기다려 주며
나만큼 널 사랑해 주겠느냐
누가 나만큼 기쁨을 주겠느냐

세파에 지친 너를
은총의 부드러운 숨결로 안아 주는
아, 내 사랑의 손길만 닿아도
너는 언제나 행복하리 행복하리

나의 자애로운 열정에 안겨
네 한 목숨이 끝없이 행복하리

칸딘스키와 단감

초겨울 햇살이 책장을 지날 때
고향 산골에서 보내온 단감을 만져본다
처마 끝 함석 챙에라도 부대낀 듯
주황색 고운 살갗에
그늘바람에 이골 난 생채기들이
칸딘스키의 드로잉같이 선명하다
감이 아니라 상처라고 부르고 싶은
아픔이 감잡히는 자태가 겸허하다
산골 노인이 은연중 기다렸다가
서리가 내리기 전에 따냈을 풍경보다
더 깊은 삶의 여정까지 감잡히는
고요 속의 몸부림이 열정의 화폭 같다
한번 가지에 매달린 이상
단물을 익히고야 말겠다는 뜻이었을 터
홀연 산골을 떠나와서도
도시에 매달린 나를 달게 맞이하는
단감의 가르침에 침이 마른다
함부로 먹을 수가 없다
칸딘스키보다도 뜨거운 색감을 지닌

아픔의 당도에 혀를 댈 수가 없어
잎 떨군 잔가지처럼 손끝이 시리다

* 칸딘스키(1866~1944): 러시아 출신의 화가.

코스모스

한 송이 꽃으로 하늘거려도
외로울 때가 있다

하늘에 닮인 마음이
더없이 맑고 깨끗해도
슬플 때가 있다

사랑아, 나는 오히려 네가 그리워
이렇게 외롭고 슬퍼진다

사랑이 사랑인 줄도 모르고
홀로 빛깔을 물들여서
가을에 외로운 나를 발견한다

그리움이 그리움인 줄도 모르고
갈바람에 흔들려서
나도 모르게 슬픔을 맞이한다

사람아, 따뜻한 가을볕에 안겨
아픔 없이 사는 듯해도
이렇게 너를 기다려 서성인다

화무십일홍 花無十日紅

꽃술에 입맞춤 한다
꽃향기에 온몸이 절로 화사해진다
내 마음 꽃잎같이 붉어지면서
황홀히 떨린다
꽃잎을 오므리듯 몸을 오므린다
가슴으로 향기가 퍼져가면서
나도 모르게 숫맥이 된다
내 숨결에 꽃잎이 파르르 떤다
봄엔 열흘이 넘도록 사랑만 한다

한낮의 우물가
−고향 추억 · 38

그 시절, 어느 초여름
아낙들이 하나 둘 동네 우물가로 몰려들었지
거기에 연거푸 배꼽이 빠지도록 웃게 만든 청년이 있었지
사실 그게 나네
두레박으로 물을 퍼 올리다 말고 웃는 아낙
퍼 올린 물을 마시려다 말고 웃는 새악시
웃다가 마시던 물을 젖가슴까지 흘리고 다시 웃는 뚱보 과부
옷매무시해가며 다소곳 빨래를 문질러 헹구다
허벅지까지 드러내놓고 웃어버리는 푸줏간 마누라
상복 입은 며느리 웃음에 눈살 찡그리다 같이 웃는 시어미
가다말고 푸성귀 담긴 바구니를 머리에 인 채로 서서 웃는 당숙모
흙 묻은 자기 맨발에 물을 쏟다가
옆에 있던 남의 집 아이까지 적셔 놓고 웃어대는 상호네 형수
중간에 와서 영문도 모르고 덩달아 웃기 시작하는 미순 고모
일단 웃고 나서 다시 생각해가며 더 많이 웃는 찬기 엄마
웃음에 지쳐 그만 웃기라고 손사래 치다 미끄러진 명희 누나
어른아이 할 것 없이 오가며 어우러진 대로
물소리 웃음소리 뒤섞여 자지러지는 우물가가 온통
쨍쨍한 햇살 당겨다 여인네들 웃는 표정 환히 비출 때까지

자기는 웃지도 않고 툭툭 던지는 청년의 재치에 따라
물거품 터지듯 연달아 웃음이 터져 나왔지

호박 같은 사랑

사랑에 미치면
온 마음이 노랗게 물들어 버리지
세상보다 사랑이 더 커서
모든 것이 노랗게 달콤해져 버리지
호박꽃 속에 빠진 호박벌처럼
노랗게 뒤범벅이 되어
사랑 아닌 것은 생각할 겨를도 없지
좋아서 어쩔 줄 모르는
생(색)의 황홀경
그렇게 미치고 싶어서 간절한 사랑으로
이승을 한바탕 살고파
호박꽃 속으로 파고들어가는 생
세월이 흐르고 시간이 사라지기 전에
뼈골 빠지도록 사랑하고픈 생
사랑은 내내 갈증이어서
마침내 누런 호박이 되고야 말지
애정을 다 쏟고도 실팍진
한 생애를 줄줄이 살아내고야 말지

설산雪山

거악들이 중머리 키우듯
가객 몇을 품어서
봄부터 알쏭달쏭한 경을 듣기도 하더니
어느새 귀 씻을 때가 되었는지
큰 바람 찬 숨결로
초목들을 흔들어 잎을 쓸어버리고는
이내 적막이 나목의 피리를 불자
죽자 사자 매달린 등산객들마저
멀리 내쳐 버리고는
초입부터 폭설을 덮고 침묵이다

일기예보

구름은 원래 타향을 떠돌지요
곳에 따라 흐리겠습니다
불안정한 기압골의 영향을 받아
전국적으로 비가 내리면
몸이 뻐근하게 쑤시기도 할 겁니다
허파가 일으키는 풍속에 따라서
일교차와 상관없이 우울증을 동반한
고뇌가 낮게 가라앉을 전망입니다
컨디션을 똑바로 유지하세요
비에 젖는 것은 옷이 아니라
지나친 애증에서 오는 권태일 수도
있으므로 내내 조심하세요
저기압에서 분노가 일어날 땐
외출을 삼가는 것이 좋겠지만
차라리 아무도 몰래 화장실에 들어
지나온 삶을 반성하세요, 이때
후회의 돌풍을 일으킬 수도 있으니
변기의 물을 함부로 내리지 마시고
고운 미덕을 위해 안정하면서

밝게 웃는 연습을 거듭하세요
자칫 대기 중의 날씨가 사나워져서
공든 탑이 와르르 무너질 수도
있으니까요 태풍이 불지도 않았는데
혼자서 쓰러지고 범람할 수도
있으니까요 대체로 맑은 날이 없이
한 주간을 허비하는 일이 없도록
구름과 친해져야 합니다, 아셨지요
해가 날 때마다 당신은 빛나고
그런 당신을 볼 때마다 나는 더욱
편서풍같이 당신을 자꾸 사랑하면서
당신과 함께 개이곤 할 겁니다

무명無名의 빛 속으로

을유乙卯 춘春 동고東皐가 친 죽竹에는
바람에 서걱이는 댓잎이 푸른빛을 흔들었다
같은 방 벽에서 또
을해乙亥 춘春 여산如山이 그린 목단木丹에는
꽃잎으로 번진 주홍이 하늘가에 낯빛 붉히고
나는 그들이 주는 빛의 소리와 감열感悅에 젖는다

이 세상에서 가장 이름 없는 영혼을
나는 문득 만나고 싶다
무명無名의 티 없는 그리움으로 살아
대 마디 같은 세월로 서 있다가
목단木丹꽃 열정을 피우고 앉아 보는
무명無名, 그 빛의 문을 열고 들어가고 싶다

그들의 이름이 흐른 먹선墨線과
그들이 남긴 무아無我의 한 단면에는 깨끗한 빛이 머물고
하늘이 부드럽게 흔들어 주는 흔적을 내게 반사하는
기쁨과 애린愛隣이 가만히 고요에 닿는다

동고東皐와 여산如山이 춘춘春春하는
산자락 툇마루쯤에서
하늘 가득 밀리는 을을ZZ한 봄볕을 받으며
벗이여, 한 잔 따르며
춘춘春春 여울지는 대 소리 목단 향기로
부끄럼 없는 무명無名의 기쁨을 만난다

청청한 댓잎 소리와 목단꽃 타는 열정에
어느덧 내 마음의 뜰 가득 따뜻한 빛이 감돈다

나의 멘토에게

당신은 독수리의 눈빛 같은 안목으로
첫눈에 나를 꿰뚫어 보았지
언제나 시의 첫줄을 떠올려 주듯이
내 시혼을 향해
영감의 빛과 촉수의 감흥을 일깨워 주었지

나는 늘 어리석어
오로지 당신에게서 희망과 용기를 얻곤 했지
당신은 마치 악기를 연주하듯
내 열정을 부드럽고 강인하게 끌어당겨 주면서
속세의 허무를 벗고 솟구쳐 오르는
불멸의 운향을 깨닫게 했지

내 귀를 당신의 심장 가까이 이끌어 주면서
사랑으로 감싸줄 때
내 시혼은 황홀경에 빠진 선계의 소년 같았지
당신은 단 한 번도 흔들림 없이
나의 보폭을 따라 걸으며
나를 지켜주며 다만 미소를 머금었지

끊임없이 나를 아끼는 어버이같이
내 삶의 고난을 오히려 더욱 강하게 두드려서
어디에도 깨지지 않을 그릇으로 빚어낸 당신
나의 멘토여, 생이 시가 되는 길이
이토록 찬미의 보람을 되돌려 받는 환희였던가
눈물 없인 설명할 길도 없는
내 한 생애를 두고
당신을 미리 기리는 내 시혼이 감격에 젖는다

당신 없인 아무것도 할 수 없었던 때부터
내가 당신의 작은 등불이 되어
찬미의 시를 한 줄로 꿰어가는 이 순간까지
당신은 나의 사랑, 나의 희망
당신이 아니고선 도저히 이룰 수 없는
내 시의 결실이 마침내 당신께 안겨졌으니
나의 멘토여,
다시금 당신께 내 기쁨을 오롯이 바치나이다

돌
―자화상

깨어지고 갈리고 부딪치고 패이고
고난의 내력이다

어느 계곡에서 소용돌이쳤던가
혹독한 세월의 마모를 견디고 나온
석질이다

입도 눈도 귀도 뭉개지고 남은 한 점
거기에서 숨소리가 들린다

쇳소리를 물고 그대로 침묵한 통증에선
혀가 닳아버린 물소리도 들린다

격랑의 어둠도 지나
지금은 고요 한 자락 깔고 앉은 시혼이
내내 부드러워진 물씻김을 본다

구명

벌레 먹어 구멍 뚫린
느티나무 낙엽 한 잎 줍는다
사과씨앗만 한 구멍을
눈 가까이 갖다 대니
하늘이 새롭게 보인다
하늘 아래 지상의 풍경이 보이고
축복 가득한 들녘이 보이고
내 꿈같은 흰 구름이 보인다
홀연 시 한 편이
작은 구멍을 통해 들어온다
구멍 하나 뚫어 놓고
나보다 먼저 하늘바라기 했을
벌레같이 꿈틀거리면서
시가 다시 구멍 밖으로 나간다
마른 가슴을 바스락거리면서
내 시월을 안고 나간다

아리랑

가락도 가락도
구성진 숨결이네

천지가 하나로 어우러지고
한민족이 한마음으로 넘실거리는
봄바람 갈바람같이 찰진 화음이네

사랑 깊어 부드러운 목청의 높낮이는
국풍의 흥감인가, 천심의 가락인가

오천 년 민족혼이 하늘에 뿌려져서
원한도 여한도 없이
은하수로 맑게 도는 태극의 리듬이여

이 땅의 풍속의 정감을 안고
만년만생 겨레의 가슴을 아늑히 울릴
신묘한 선율이여

해와 달이 금수강산을 에워 돌듯

사시사철 순박한 율동으로
백두대간을 쓰다듬는 바람결인 양

음정의 물굽이를 고이도 흐른다
천 년의 아픔도 사랑으로 감싸주듯
설움도 제물에 녹아 고이도 흐른다

피의 절벽
―절두산 성지

저 절벽 아래로 목이 떨어져 구르고
선혈 낭자하게 흘러
절두산이라 이름 붙여진 오늘날까지
암벽엔 순교의 핏빛이 그대로 배어 있다

죽음 초월한 그날의 선조들
칼날 번뜩이는 박해의 세상 연연하지 않고
도도히 강에 어리는 영생의 핏빛을
벼랑 위에서 초연히 바라보았으리라

오히려 세상 사람들이 가슴에 측은히 밟혀
그들 위해 천주께 자비를 구하는 모습은
하늘 나라에 초대받은 기쁨의 표정이었으리

잠두봉이라, 아찔한 바위 끝에서
이내 낭떠러지를 굴러 강물에 씻기는 얼굴들
그 영혼 되비쳐 내는 청청한 하늘빛이
지금은 백합처럼 피어난 성지를 감싸고 있다

형제자매들이여, 잠두봉이든 절두산이든
목 떨어져 내린 절벽인데, 그날에
한 목숨 던져 피 흘린 성인들 믿음이
바위 속까지 스며들어
여기, 거대한 혈암血岩으로 솟아 있다

* 이 시는 2008년 절두산 성지 로비에 설치되었으며, 병인박해 150주년을 기념하여 절두산 순교자 하느님의 종 13위 시복 기원을 위해 이상철 작곡가(사제, 가톨릭대 음악대학원 교수)가 만든 오라토리오 음악 주제와 가사로 사용되어 2016년 가을에 두 번의 연주회를 성황리에 마쳤고, CD로 제작되었으며 이를 가톨릭평화방송에서 녹화하여 세 차례 방영하였음. 한편 절벽 아래 시비로 새겨진 또 다른 시 「영혼의 강」 역시 이상철 신부가 오라토리오 음악으로 작곡하여 같은 시기에 한국가톨릭작곡가협회 정기 연주회에서 발표하였음.

제5부

한 쌍의 오리발에
고요했던 호수 전체가 간지럽다

− 「오리발」 중에서

조국의 노래

나는 단군의 후예들을 사랑하고
한반도를 사랑한다
내 몸을 흐르는 핏줄이다
방방곡곡 금수강산을 사랑하고
인고의 역사를 견뎌낸 겨레혼을 사랑한다
슬픔보다 깊은 정한이 어려도
자비와 연민의 속정을 베푸는 한민족
맑고 푸른 하늘 아래
백두대간 골격에다 순의順義를 가꾸는
순박한 그 기상을 사랑한다
사계절 쉼 없이 펼쳐진 아름다운 풍광같이
미덕을 고이 지닌 풍류를 사랑한다
세상에 둘도 없는 나의 조국
죽도록 사랑하고 다시 네 품에 안기는
맑은 영혼의 한민족, 너는 곧 나다
나는 너를 사랑한다, 네 꿈을 사랑하고
네 고난과 슬픔을 사랑한다
넘어져도 다시 서는 신명난 용기를 사랑하고
너로 하여 온 세상이 빛날 예지를 사랑한다

무엇보다 네가 염원한 세상
대대로 펼쳐나갈 무궁한 자애의 숨결
그리하여 동해에서 떠오른 태양이
날마다 너를 고이 비추는 불멸을 사랑한다
그러므로 우린 하나, 세계도 하나
나는 너를 사랑한다, 너를 사랑한다

나는 풀

나는 풀
밟혀도 죽지 않아
짓이겨도, 낫으로 쳐내도 다시 살아나지

나는 때때로 죽겠다 죽겠다 하면서도 영 죽질 않아
설령 누가 내게 이를 갈며 날 뿌리째 뽑아 버리려 해도
이미 또 다른 내가 온 천지를 덮고 있어
뽑으려는 자가 먼저 죽고 말지

사실 난 죽어도 상관없어
또 다른 나,들이 나와 똑같이 땅을 뒤덮고 있을 테니까
내 생전의 모습 그대로 흙을 지키고 있을 테니까
물론 어디서나 적들과 대치하고 있겠지만
상관없어, 우린 세월을 초월해가며 존재하니까
이미 그렇게 살아
제왕들보다 부드럽게 우리 영역을 소유하고 있으니까

아프지 마라
우릴 뽑다가 아프지도 말고 죽지도 마라, 원수들이여

더불어 풀풀 살아야 할 귀여운 목숨들이여
풀잎에 맺힌 이슬같이 빛나야 할 영혼의 눈빛들이여
제풀에 지쳐서, 내 풀에 걸려 넘어지지도 마라

나는 풀
우린 풀
풀꽃으로 웃어주고 안아주고 손 흔들어 주지

누구실까

연한 쌍떡잎이 고개를 내밀도록
마른 땅을 깨지듯 갈라지게 하는 분
누구실까

실개천 물웅덩이에서
송사리 떼가 샛바람같이 휩쓸릴 때
잔물결에 햇살 반짝이게 하는 분
누구실까

외발로 선 두루미의 저녁 풍경을
강물에 얼비치도록
정적 한 자락으로 펼쳐 두신 분
누구실까

천만금으로도 이룰 수 없고
수천 대를 이어서도 만들 수 없는
억조창생을 내신 분

낙엽을 만지며

생사는 서로 친하다
푸른 잎으로 바람의 춤을 추던 시절도
마침내 마른 낙엽 되어
한 생애를 고이 거두어 간다
잎맥이 유골 같은 세월의 흔적도
생사를 껴안고 가듯
더 이상 얽매일 곳 없는 영혼들이
바스락바스락 부서지는 아픔을 날리며
죽어서야 다시 만날 수밖에 없는
천상을 향해
갈바람에 업혀간다

산수유등

창 밖 산수유 가지에 눈 쌓이니
빨간 산수유 열매들이 등불 같았네
어느 별나라의 방안에 켜둔 불빛 같았네
치자빛으로 물든 한지에서 새어 나온
내 겨울의 사랑이 산수유등처럼 켜져 있고
일몰 후 밤이 점점 붉어질 때까지
그 등불처럼 부드럽게 타오르는 사랑 하나로
지친 내 마음도 눈 덮인 산수유처럼 붉어져
곱게만 흐르는 따뜻한 꿈결에 안겼네

시와 함께

겨울이 오면
나는 언 시를 녹이지

밤에 쓴 시들이 자꾸 얼어서
해가 떠오르면
호호 녹이면서 다니지

녹은 시들이 보채도 나는 좋아
눈 위를 뒹굴듯
날 간질이는 시들이 좋아

그러는 사이에
겨울도 겨울 같아져서 좋아

시월의 노래

마음이 착해지는 시월입니다
영혼이 닦이는 시월입니다

주여, 초라한 결실이 부끄러워도
당신을 사랑한 기쁨으로
내 시월을 오롯이 당신께 봉헌합니다

가난으론 거둔 것이 없다 하더라도
시월이 다만 쓸쓸히 왔다 가더라도
나는 당신의 말씀을 새겨
천 년의 걸음을 고이 옮기나이다

살아서 당신께 향했으니
죽어서도 당신 품에 안기는 것인 줄
마음과 영혼이 누려온 결실이매
주여, 시월은 애당초
내 안에 당신의 사랑을 깊이 다지는
고독의 초석이옵니다

시월이 왔다 가듯 인생도 왔다 가고
마음과 영혼이 깨우쳐 가듯
영생복락을 더욱 깨우쳐 부르는
내 시월의 노래를 받으소서

무엇에도 당신을 빼곤 남을 게 없는
하늘로 깊어 청빈한 선율을
내내 흥겹게 여겨 귀히 간직하소서

수미秀美를 그리며

아직 살아 있는 동안
시를 사랑하자

만수산의 수미야 삶에 비해
죽음은 간단하다

너도 나도
삶이 죽음에 이를 때는
한순간이다

도저히 애끓는 가난으로
지치지도 말아라

차라리 죽음에 익숙해져서
사랑 하나로도 아쉬움이 없기를
그리하여 죽어도 좋을
시를 살자 수미야

* 여기에서 '수미秀美'는 예술성에 깃들기를 바라는 '빼어난 아름다움'을 독백의 대상으로 의인화한 것.

불멸의 희망

천사의 눈으로 지상을 바라보니
사랑은 불멸의 희망
슬픔을 닦아 주고 기쁨을 꺼내 준다
마음속에 무지개를 그려 주고
삶의 사막에서 장미꽃을 피워 낸다

천상의 향기를 머금고 세상을 보니
사랑은 불멸의 생명
한 생애를 탕약같이 달여 내서
죽어도 죽지 않을 영혼을 꽃피운다

신도림에서

한겨울에 도원桃園이 그리웠다
전철 2호선을 타고 신도림에 갔다
신도림新桃林인 줄 알았는데, 신도림新道林이었다
하지만 도림道林도 좋고 신도림新道林도 좋았다
도원桃園이 도원道園이면 어떠랴
복사꽃이 피어나듯 도를 환히 깨치는 꿈이라면 또 어떠랴
신도림 다음 문래文來에 턱 허니 이르러서
품은 글들이 도원이나 도림의 향기처럼 쏟아진다면야
몸 하나 새롭게 환생하듯 절창이 홀연히 살아 나온다면야
겨울인들 신도림에 온 보람이 도화桃花처럼 황홀치 않으랴
신도림은 환승역이었다. 사람들이 도화처럼 흩날렸다
큰 뜻을 품고 대림大林으로 가는 이도 있고
어쩔 수 없이 도림천이나 구로로 빠지는 이도 있었지만
선 채로 문래文來로 다그쳐가는 이들에 섞여 있다 보면
과연 환승역에서 저절로 환생한 문장들 또한
신도림新桃林의 복사꽃처럼 황홀하게 흩날렸다
도림천 물소리처럼 살아온 날들도 흩날렸고
2호선처럼 순환만 하다 어지러운 세월도 흩날렸다
누구나 저마다의 깨침에서 피어난 꽃잎으로 붐볐다

때로 인생은 신도림新道林에서 새로 깨우쳐 흩날렸다
다시 겨울이 와도, 나는 도원이 그리워지리라
도림道林의 도화桃花처럼 그리워지리라

오리발

오리 한 쌍이 호수에 떠 있다
물은 즐거워
한 쌍의 오리발에
고요했던 호수 전체가 간지럽다

한 쌍의 사랑이면 더없이 즐거운
생
갈대의 파문보다 간지러운
오리 한 쌍의 사랑이면 행복한 생

한 쌍의 사랑이
한 생애를 기쁘게 간질이는 호수에서
가끔은 오리발을 내밀면서
산다, 먹이를 찾아 자맥질도 하면서
서로를 멀리까지 간지럽힌다

시 한 수

사람이 사랑이 될 때까지
하느님은 우릴 기다리시지

청천 날벼락 같은 꾸중이 아니라
봄바람 꽃향기 같은 즐거움으로
내내 기다리시지

자비가 얼마나 컸으면
한 생애를 다 갈고 닦도록
기척이 없으실까

침묵 하나로도 영혼을 살리시는
하느님께서
오늘은 내게 시 한 수 주시네

시꽃詩花

영혼이 아름다운 시인은
죽지 않는다
혹독한 가난에도 혹한 속에서도
시의 꽃을 피운다
누구든 그 향기를 맡았다 하면
죽다가도 살아나서
영혼의 울림에 감싸인다
두 번 태어난 듯
천상의 희열에 가슴이 새로 뛴다

묘비명

가난한 여정 속에서
불멸의 찬미를 은총으로 달여 냈던
소탈한 시혼이
천상의 운율을 안고 여기에 잠들다

미래는 그렇게 있었지

먹구름 뒤에도 태양은 있었지

빛이 먹구름을 뚫고 나올 땐
내가 언제 먹구름이었는지를 잊어 버렸지
빛이 들어올 때는
내가 언제 어둠이었는지를 기억할 사이도 없었지
지친 삶에 붙들린 육신은 먹구름이어도
어둠 속 슬픔이나 고난이어도
영혼의 빛이 밝아질 땐 빛살이 퍼지면서

온몸으로 해가 떠올랐지

언제 그랬느냐는 듯이 어둠은 사라지고
언제 그랬냐는 듯이 딴 세상이 왔지
과거에는 생각지도 못했던 현재에 와 있는 것처럼
어둠 속에서 빛이 솟아났지

어느새 시간이 무르익었던 거야
네가 나에게 나타나고 내가 너에게 나타났던 것처럼

먹구름 뒤에서 태양이 기다리고 있었던 거야
절망이 벗겨지면서 희망이 왔던 거야
미래*는 그렇게 있었지

---

* 여기에서 '미래'는 초월성이 포함된 합성적 의미로 쓰인 것이 분명하지만, 혹 사람으로 치환했을 때, 아버지나 어머니, 형제자매, 스승이나 친구나 애인의 이름을 그 자리에 바꿔 넣었을 때에 감흥의 다의성을 유발할 수 있는 의도를 지니기도 함.

안개의 섬

안개에 덮여 앞이 보이지 않았다
보이는 것은 늘 자신의 모습뿐이었다
세월이 안개 속을 흘렀다. 안개 속에서
사람들의 얼굴이 나타났다 사라졌다 했다
섬엔 안개가 맑게 걷히는 일은 거의 없고
날마다 파도소리가 들려 왔다
가끔 태풍이 불어오고 풍랑이 몰아치기도 했지만
누가 다치고 누가 죽었는지는 알려지지 않았다
사람들은 저마다 섬처럼 떠다니고 있었다. 누가
새로 태어났다거나 죽었다는 소문도 들리지 않았다
가볍게 눈인사를 주고받으며
안개 속에서 만났다 안개 속으로 사라질 뿐
삶과 죽음에 대한 그 어떤 대화도 나누지 않았다
자신을 내세우는 사람도 없었고
남을 헐뜯거나 시기하는 사람도 없었다
섬에선 굳이 말을 필요로 하지 않았다
말은 거친 바닷바람에 지워져버린 지 오래였고
섬에 남아 있는 언어는 파도소리뿐이었다
모든 것은 안개에 덮여 있었고, 안개 속으로

절망이나 슬픔은 끼어들지 않았으며
운명의 그물에 걸려들어 신음하는 사람도 없었다
이별 때문에 허덕이는 이도 없었고
고통을 주고받으며 미움에 길들여진 자도 없었다
모든 사람들은 안개 속의 한 점이었고
삶의 행간마다 파도소리가 밀려들고 있었다
어느 곳에서나 사람들이 가지고 있는 것은
시간과 마주 보고 있는 정적 속의 침묵뿐이었다
안개에 덮인 나날은 꿈결처럼 저절로 사라져 갔고
보이는 것은 오직 자신의 모습뿐이었다

| 후기 |

여섯 번째 시집을 묶었다. 시인에게 본분이 있다면 그것은 무엇일까 생각한 적이 있다. 재주라든가 작품성이라든가 하는 범주를 벗어나서 시와 시인이 하나로 일관된 진경이 언어로 드러나야만 거기에서 울림과 격조를 지닐 수 있는 까닭에 그렇게 살고자 하는 뜻에서 나온 생각이다.

나는 주로 혼자서 문학을 독학했기 때문에 스스로 묻고 답해야 하는 과정을 수없이 되풀이 해왔다. 그럴 땐 무엇보다 내가 나에게 던진 질문에 똑바로 진지하게 대답해야 한다는 것을 깨닫곤 하는데, 이는 내가 나답게 대답하지 못했을 때 생기는 괴리감을 무엇으로도 무마할 수가 없기 때문이다.

내 자신의 정체성도 모르고 시를 쓰게 되면 스스로를 함정에 빠지게 하는 것이 바로 시가 지닌 진실이자 고통이다. 문학에 있어 내 것은 내 것이고 남의 것은 남의 것이기에, 시의 진정성이 지닐 수 있는 참된 가치야말로 자기 것이 아닌 것에 대해 철저히 반대하기 때문이다. 그러므로 시인다운 본분의 기초를 갖추지 못하면 언어 자체가 갈피를 잡지 못하게 되고, 그러한 이치를 망각하게 되면 결국 내 목소리를 낼 수 없다는 사실을 깊이 자각하면서 시와 내가 하나 되는 작업을 거듭해 왔다.

시를 써온 지도 어언 40년이 넘었다. 모든 생명이 끊임없이 진화하는 것처럼 시 역시 내 안에서 끊임없이 변화되어 왔다. 때론 큰 주제를 가지고 파고든 작품집도 있지만 시를 쓸 때마다 새롭게 전개되는 감흥을 살려 추구해 온 작품들이 내 삶의 숨결을 머금고 있는 것을 보면 마치 가을걷이하는 농

부의 마음같이 뿌듯해진다. 쭉정이가 아니라 알곡을 거두기 위해 시인다운 본분을 지키고자 했던 삶의 여정이 결실의 보람으로 다가오기 때문이다.

  사실 내 시가 어떤 것인지는 독자들의 몫이다. 다만 이번 시집 역시 한 편 한 편 은총 안에서 썼다는 것을 밝혀 둔다. 슬플 때는 슬픈 시를 쓰고 기쁠 때는 기쁜 시를 쓰게 마련이지만 어떤 시를 쓰든 간에 나는 먼저 은총을 청했고, 내게 이루어진 모든 시의 결실이 은총에서 비롯되었다는 것을 솔직히 고백하지 않을 수 없다. 슬플 때나 기쁠 때나 은총의 울림이 스며들어 오롯이 감사드릴 수밖에 없었다는 것, 이것이 바로 나의 진실임을 밝히면서 간략하게나마 후기를 맺는다.

                              −2017년 1월 10일 생일에, 관천재觀天齋에서 이인평

소금의 말 • 이인평 시집

초판 1쇄 • 2017년 1월 10일

지은이 • 이인평
펴낸이 • 이형로
펴낸곳 • 도서출판 황금마루

출판등록 • 제2010-000158호
주소 • 우편번호 10510
경기도 고양시 덕양구 능곡로 30-11, 103동 2503호
(토당동, 현대1차 홈타운)
전화 • 031-979-9908
휴대폰 • 010-5286-6308
이메일 • iplee6308@hanmil.net

값 • 12,000원
ISBN • 979-11-88021-00-0

- 이 책의 내용은 저작권법에 의해 무단 전재 및 복제를 금합니다.
- 인지는 저자와 협의하여 생략합니다.
- 잘못 만들어진 책은 교환해 드립니다.